LK 3209

Lettre
A Mon Ami.

Vous êtes peut-être curieux de savoir si j'ai été jugé... Eh bien ! je ne le suis pas encore, et j'ignore quand on me jugera.

Le Tribunal d'Oloron en ordonnant que M. le comte de Fontanges, colonel du 55e. régiment de ligne, comparaîtrait personnellement à l'audience, oublia de fixer le jour de cette comparution.... Si ce ne fut pas un oubli, le tems a prouvé que c'était une faute.

Je suis le grand coupable, le Briarée à cent bras, qui a pris une *attitude menaçante* contre tout un régiment sous les armes, le rebelle audacieux qu'il faut punir, non pour ses *violences et voies de fait*, il n'y en a aucune, on en convient ; non pour ses *discours* !... Je n'ai pas dit un *mot*, je n'ai pas fait un *geste* qui annonce l'injure ; et il n'y a pas de rébellion sans *violences et voies de fait* ; (art. 209 du Code Pénal.)

Aussi, le titre de l'accusation a disparu par les dépositions des officiers et sous-officiers entendus aux débats, qui rendirent inutiles celles de mes témoins justificatifs auxquels je renonçai.

Néanmoins, avec ce renvoi indéfini, me voilà prisonnier élargi sous caution ; séquestré de toutes mes affaires, jouissant d'une liberté provisoire, précaire et présomptive de culpabilité. Qui donc mettra un terme à cette incertitude de mon existence civile ? M. le Procureur du Roi d'Oloron ?... Mais s'il est semblable à lui-même, jamais le comte de Fontanges ne comparaîtra ; je ne serai donc jamais assigné.... M. le Procureur du Roi dont je respecte le caractère et les opinions, quoique condamnées par le tribunal qui a rejetté ses conclusions, voulait qu'on morcelât la lettre de M. de Fontanges, qu'on m'en donnât la moitié, et l'autre moitié aurait été ensevelie dans la poussière du greffe ; il séparait ainsi la partie du rapport relative et mes *faits et gestes*, de celle dans laquelle il m'attaque comme un homme immoral, l'unique auteur de tous les désordres passés, présens et futurs..... La ville de Pau est calomniée, il n'y a pas eu de rixe avec les régimens, comme M. de Fontanges le suppose ; il voulait parler sans doute d'une affaire individuelle que j'ai eue avec un Garde-du-Corps, que je n'avais pas provoquée, et que j'ai terminée suivant les lois de l'honneur ; j'invoque le témoignage de MM. les Gardes..... il m'a fallu même combattre après le jugement, pour avoir l'expédition de cette lettre ; mon avoué la demanda au Greffier, qui s'autorisa d'un ordre verbal de M. le Procureur du Roi pour la refuser. Un acte en *deni de justice*, qu'on allait signifier, opéra son effet; l'expédition me fut délivrée... Je ne m'occupe plus de moi; un plus grand intérêt me presse et m'entraîne.

Le rédacteur du mémorial Bordelais et le Drapeau Blanc voulant donner à l'affaire de l'église de St Jacques une petite tournure révolutionnaire ont été les premiers échos de la calomnie; ils ont publié une lettre signée des lettres initiales G. C.... Il faudra bien qu'on le nomme, car probablement il ne se nommera pas lui-même..... Je vais assigner en calomnie, le rédacteur du mémorial Bordelais... M. G. C. ou l'inconnu, trouvait la cause des événemens du 1.er et 2 août, dans celui du 4 juillet. Eh bien l'inconnu a raison, mais il faut nous entendre..... Il n'y eût pas même de rixe le 4 juillet... Une imprudence de M. Friol, lieutenant-Colonel, aussitôt réparée par la mise en liberté très-volontaire du sieur Dorgans, et aussitôt oubliée par les citoyens et les soldats, dont l'union ne fut pas troublée un seul instant, est devenue bien grave dans ses conséquences.

Une information se fait, je suis emprisonné, élargi moyennant caution..... La chambre du conseil du tribunal civil de Pau, délibère; elle ne trouve ni *crime*, ni *délit*, ni *contravention*; et me relaxe ainsi que MM. Dorgans et Catalogne......... Opposition de M. le Procureur du Roi; l'affaire est portée à la chambre d'accusation.

Un mois à peu près s'était écoulé depuis le 4

juillet, et la paix régnait dans les murs de cette ville toujours si hospitalière, dont la population s'est augmentée d'un quart depuis 4 ans, par le concours des étrangers qui s'y sont établis ; il semble même que cette affaire ait été une nouvelle source de prospérité pour elle ; aucun étranger n'a quitté la ville ; une colonie anglaise que nous possédons est devenue plus nombreuse et plus florissante ; elle se compose de familles recommandables et les habitans de Pau sont devenus leurs concitoyens d'adoption..... Militaires et citoyens, tous vivaient d'une union parfaite et personne n'aurait prévu que le 1.er août serait un jour de deuil.

Tous les dimanches, nos bons artisans vont, comme leurs vieux pères, à Jurançon, qui n'est séparé de Pau, que par le Pont du Gave ; ils dansent, ils goûtent, se retirent, travaillent le lendemain et font toujours une petite économie pour célébrer leur dominicale.

Le 1.er août, ils étaient à Jurançon et ils dansaient ; aucun d'eux n'avait des armes ; des danseurs en portent rarement, ils étaient bien loin de s'attendre à l'orage qui allait fondre sur leurs têtes. Qui aurait pu prévoir que des armes destinées contre les ennemis de l'État, seraient tournées contre des citoyens paisibles, des pères de famille, des malheureux ouvriers qui n'avaient jamais entendu parler ni de la très-petite affaire de l'Église S.t-Jacques, du 4 juillet, ni du jugement rendu par le tribunal de Pau, ni de M. de Fontanges, ni de Dorgans, Catalogne et moi...... Nulle préparation, nulle crainte; les jeunes gens de Pau et des villages circonvoisins dansaient. Cependant une réunion d'usage consacrée à des plaisirs innocens, allait être une occasion de tumulte et de malheurs. Je ne connais sur les évènemens de Jurançon que des résultats; des citoyens blessés couverts de sang, poursuivis jusques dans la Basse-Ville, par des soldats, une clameur publique, et comme cela était, jetta dans nos familles, l'épouvante et l'effroi, des pères, des mères courant après leurs enfans, le mouvement torrentueux d'une population indignée, des pelotons de voltigeurs et de grenadiers qui rentraient en ordre de bataille et des officiers qui leur souriaient avec bonté. Je m'impose la loi de ne parler que de ce que j'ai vu et pour les choses qui ne sont pas de ma connaissance personnelle, je ne consulterai que l'arrêt de mise en accusation de quatorze de nos citoyens, le réquisitoire de M. le Procureur-Général et les notes sténographiques des débats.

M. Friol, lieutenant colonel du 55e. régiment, sans uniforme, se trouva sur le Pont-Neuf, pressé par une grande masse de peuple, j'eus le bonheur avec quelques citoyens de le dégager.

Grâce à l'intervention des Autorités constituées et aux exhortations des bons citoyens, il n'y eut le 1er. août, aucune effusion de sang à Pau.

Le 2 août, il y eut un mouvement accidentel et réactionnaire; je restai chez moi : six maîtres d'armes de Pau étaient convenus de se rencontrer à Bilhères avec six maîtres d'armes du régiment; ils étaient d'accord pour terminer cette affaire militairement; les autorités militaires et civiles empêchèrent que cette affaire n'eût lieu, mais dans la disposition des esprits, une étincelle pouvait allumer un incendie; c'est ce qui arriva..... Une rixe entre un caporal et un ancien soldat qui porte un nom connu des braves, (il s'appelle *Bernadotte*) fut la cause de nouveaux désordres; je n'en dirai pas d'avantage. N'oublions pas que je me suis interdit sur les deux journées, toute reflexion qui ne serait pas prise dans les actes du procès et le texte des débats.

Le magistrat d'instruction informe, la Cour Royale évoque la cause; M. Barbet, membre de la Chambre, est nommé commissaire.

Le 4 ou le 5 août, sept ou huit citoyens sont emprisonnés; on se demandait partout.... Y a-t-il quelque soldat en prison?... Non... Cela viendra, disait-on; il n'y a pas de justice, si elle n'est réciproque. Trois mois s'écoulent; les arrestations se multiplièrent; l'inquiétude augmenta. Il y eut une espèce d'anxiété publique; on se demandait encore.... Combien de soldats y a-t-il en prison? Aucun.... Et ce sapeur qui frappait à terre sur le Pont de Jurançon un jeune tailleur d'habits sans armes qui reçut neuf coups de sabre bien marqués sur son habit, et quatre blessures profondes, qu'est-il devenu? Il a reçu son congé. Et ce pauvre père de famille, employé chez un fournisseur militaire, Darhampé d'Oloron, que personne ne connaissait à Pau, qui ne promène qu'un jour de la semaine, et qui pour son malheur habitant la Basse-Ville, fit une centaine de pas devant sa porte, jusqu'au Pont du Gave,

laissé sur la place, mourant, est-il mort ? Non....
Une main généreuse et qui, dit-on, n'est pas inconnue, lui a donné une consolation de 180 francs, et il a gardé le silence.

Enfin, la chambre d'accusation s'assemble le 26 octobre, et pour la première fois, on entendit parler de *délits militaires et d'incompétence*......

La Cour rendit le 27, un arrêt qui n'a été signifié que le 12 novembre. Il est ainsi conçu :

« Cour Royale de Pau, Chambre d'accusations séance du 27 octobre 1824. Présens MM. Casteran, président, Moncla, Dabbadie, Cassaigne, Bordeu, Barbet, conseillers, et M. Dartigaux, procureur-Général du Roi. — Ouï, par la Cour en la chambre du conseil, le rapport à elle fait par le Procureur-Général du Roi près la Cour royale de Pau, de la procédure criminelle instruite à la requête du ministère public, contre Jean Dutou 2.e né, huissier, contumax; Jean Sala dit Jean Lagarde, domestique; Jean Baron, cordonnier; Jean Blanc Darnaud-Fourcade, tailleur d'habits; Louis Buchou, cordonnier; tous demeurant à Pau; Clément Dayres, vigneron, demeurant à Lasseube; Pierre Bégué fils, négociant; Pierre Caubet 3e. né, praticien; Jean Péré, tailleur d'habits; Pierre Sazi, maçon; Pierre-Paul Frechou, cordonnier; Jean Salies dit Mieyancé, journalier et décroteur; Cazenave-Siros fils 4e. né, et Jean-Victor Hypolite Catalogne, avocat; tous habitans de la ville de Pau, les deux derniers contumax; et contre Lahon de Luquet, tisserant; Tuco de tardan, cordonnier; Gonzalis, décroteur, détenus; Dutou aîné et Caubet

2ᵉ. né, praticien, contumax, tous habitant à Pau.— Après que lecture de toutes les pièces de l'instruction dans le dernier état de la cause a été faite par le greffier, dans les séances des 23, 25 et 26, ledit Procureur-Général retiré ainsi que le greffier. — Vu lesdites pièces, et notamment l'arrêt de la Cour du 21 septembre dernier, qui ordonne de nouvelles et plus amples informations devant le même commissaire, à raison des troubles survenus à Jurançon et à Pau, le 1ᵉʳ. et 2 août dernier. — Vu le réquisitoire de M. le Procureur-Général, mis au bas dudit arrêt — Vu notamment encore, la nouvelle information faite en vertu du même arrêt, et le réquisitoire dudit Procureur-Général, du 23 octobre, ensemble celui du 20 septembre dernier. — Vu enfin, les requêtes en demande de liberté provisoire présentées par Bégué fils, et Caubet 3ᵉ. né, avec les réquisitoires à suite. — Attendu qu'il y a d'abord une distinction nécessaire à faire en principe d'ordre des juridictions, entre les faits qui ont eu lieu à Jurançon et sur le Pont du Gave le 1ᵉʳ. août dernier, et ceux qui se sont passés à Pau dans la soirée du même jour, et celle du lendemain lundi 2 : que quant aux délits imputés à des militaires du 55ᵉ. régiment de ligne, en garnison à Pau, dans les scènes de Jurançon et du Pont du Gave, exclusivement, à tous autres individus des classes ordinaires de citoyens, la cause en appartient aussi exclusivement aux juges militaires, suivant les principes consacrés par plusieurs lois en vigueur, qui se trouvent retracées avec ces lois dans un avis du Conseil d'État, du 7 fructidor an 12 ;

cette connaissance leur étant généralement et absolument attribuée *pour tous délits militaires* ; expression qui comprend en principe, non-seulement les délits commis par des militaires contre leurs lois particulières, mais encore ceux qu'ils commettent contre les lois générales qui regardent toutes les classes de citoyens, lorsqu'ils se trouvent sous leurs drapeaux et à leurs corps, ainsi que les militaires dont il s'agit. Attendu qu'il résulte de l'ensemble des informations et des pièces de la procédure, que le dimanche 1er. août dernier, après les rixes et les autres scènes qui avaient eu lieu à Jurançon et sur le Pont du Gave, par suite du refus qui fut d'abord fait aux militaires à Jurançon de les admettre dans les danses publiques ; il se forma dans la ville de Pau des rassemblemens considérables de citoyens de différentes classes, qui se répetèrent le lendemain lundi, 2 du même mois ; qu'un très grand nombre des individus qui composaient ces rassemblemens au-dessus de vingt personnes, s'armèrent de pierres et de bâtons dont ils firent usage contre les militaires du 55e. régiment d'infanterie de ligne, prétendant avoir à se plaindre de divers individus de ce régiment, et qu'il se manifesta dans ces réunions, un dessein prémédité de mal traiter les militaires de ce corps, exprimé par plusieurs propos et vociférations répétés dans les deux journées dont il s'agit. — Attendu en outre 1°., qu'il est établi par les charges, que dans un des attroupemens armés, le lundi 2 août, et avant que les autorités civiles se rendissent sur les lieux, il fut porté des des coups et fait des blessures au sieur Marquise, sergent-major décoré audit régiment, qui l'ont mis dans un état d'incapacité de travail ou service personnel pendant plus de vingt jours; que les auteurs de ces excès graves n'ont pu être connus par la procédure, mais qu'il en résulte néanmoins, que le sieur Dutou, huissier, demeurant à Pau, s'en est rendu complice en concourant à porter des coups avec beaucoup de violence au même militaire avec un bâton à lance, encore que par l'effet seulement du hasard, ces *coups ne l'aient pas atteint*. — Attendu au surplus, que ces faits avec les circonstances aggravantes de l'incapacité de travail et de la préméditation qui s'y ratachent, sont qualifiés crimes par la loi, et punis de peines afflictives et infamantes, aux termes des art. 309 et 310 du Code Pénal. — Attendu que retranchant même la circonstance de l'incapacité de travail personnel, pendant plus de vingt jours, ils auraient encore le caractère d'un délit grave quoique punis de simples peines correctionnelles, en y joignant seulement celle de la préméditation suivant l'article 311 du Code précité. — Attendu 2°., qu'il résulte des informations, que le même jour 2 août, M. Buard, sous-lieutenant au 55°. régiment de ligne, fut frappé par Jean Sala dit Jean de Lagarde, d'un coup de pierre qui a empeché cet officier de reprendre son service pendant dix-neuf jours, *et qu'un soldat reçut aux quatre cantons un violent coup de poing à lui porté par Jean Baron, cordonnier, l'un des détenus.* — Attendu que ces deux faits avec la circonstance aggravante de la préméditation hautement manifestée de mal traiter les militaires du 55ᵉ., sont dans les cas prévus par l'art. 311 du Code Pénal, punis par les dispositions de cet article de peines correctionnelles; qu'au surplus, vingt-neuf autres militaires furent frappés et blessés dans la même journée, d'une manière plus ou moins grave. — Attendu 3°., que les faits établis par la procédure présentent également, dans les deux journées, les caractères d'une rébellion commise avec bande ou attroupement de plus de vingt personnes armées, soit le dimanche 1ᵉʳ. août, par attaque avec violence et voies de fait exercées envers un piquet du 45ᵉ. régiment de ligne qui se trouvait sur la place de la comédie, d'après les ordres des autorités civiles et militaires, en outrageant cette troupe par des paroles et des actes extérieurs les plus menaçans, et en lui lançant des pierres pour la forcer à se retirer; soit le lundi 2 du même mois, en repoussant et frappant à coups de pierres des officiers supérieurs ou autres militaires qui se présentaient sur les lieux, pour coopérer au rétablissement de l'ordre et de la tranquillité publique, et en particulier, par la résistance des attroupés aux sommations à eux faites par les autorités civiles, de se retirer, et le refus de certains d'entr'eux avec violence et voies de fait, de remettre ou déposer les bâtons ou pierres dont ils étaient armés. — Attendu que de pareils faits de rébellion sont qualifiés crime par la loi, et compris dans les cas emportant peine afflictive et infamente; prévus par les articles 209 et 210 du Code Pénal. — Attendu que les nommés Buchon, cordonnier; Jean-Blanc, Darnaud-Fourcade et Clément Daires, qu'il est prouvé avoir opposé ladite résistance, doivent être réputés auteurs de la rébellion, et que les nommés, Jean Péré, tailleur ; Baron, Sazy, Frechou, Salies Mieyancé, Caubet 3ᵉ. né et le sieur Bégué fils, s'en seraient rendus complices, en ne se retirant pas des attroupemens selon le vœu de l'art. 213 du Code Pénal, après les avertissemens des autorités, et en secondant par leur présence, leurs propos et leurs actions dans ces réunions criminelles, l'agitation et les désordres des attroupés ; que c'est ainsi le cas de leur appliquer l'art. 60 du Code Pénal § 3, et l'art. 1.ᵉʳ de la loi du 17 mai 1819. — Attendu 4.° qu'il résulte également de la procédure que le nommé Baron a été à la tête et s'est montré comme chef d'un rassemblement depuis la rébellion commise envers les Autorités civiles et la Force publique, ainsi qu'il l'a formellement déclaré lui-même sur la place Royale ; que le seul fait de cette qualité rend cet individu passible des peines infligées aux coupables du crime de rébellion ci-dessus caractérisé, suivant ce qui résulte des articles 209, 210, 213, 100, 217, 218 et 221 du Code pénal. — Attendu en outre, que le même individu est également punissable comme chef de réunion séditieuse avec rébellion, des peines portées pour les crimes et délits commis depuis que les rassemblemens ont ce double caractère, comme lui étant imputables en cette qualité, aux termes de l'article 213 du Code précité, et qu'ainsi il est atteint par la loi, non seulement quant au fait de rébellion, mais encore quant au délit commis sur la personne du capitaine Pittaubert, au café Clavier, par le violent coup de pierre dont il est prouvé que cet officier fut frappé à la cuisse. — Attendu 5.º qu'il résulte encore des informations que le dimanche 1.er août, le lieutenant-colonel du 55.e s'étant rendu sur le Pont-Neuf, après s'être concerté avec le 1.er Adjoint au Maire, pour y concourir au rétablissement de l'ordre, en fesant notamment rentrer dans leurs logemens tous les soldats de son régiment, on entendit, à son apparition, proférer contre lui, par l'attroupement dont il fut à l'instant entouré, les vociférations suivantes : *C'est vous qui avez donné l'ordre de nous assassiner. Il faut le tuer, le jeter du haut en bas du Pont.* Qu'aussitôt il fut saisi avec violence par plusieurs individus, frappé de coups de poing et soulevé à deux pieds de hauteur; mais que d'après les observations qui furent adressées aux attroupés, et les secours qui furent donnés à ce militaire, on parvint à faire abandonner au rassemblement l'exécution de l'attentat dont on venait de le menacer, à le dégager et à le faire retirer du lieu de la scène; que la procédure n'a pu faire connaître, malgré l'éclat si frappant d'un pareil événement, aucun des auteurs de l'action; mais que les informations apprennent néanmoins qu'on remarqua en ce moment dans l'attroupement les sieurs Casenave-Siros, Bégué fils et Catalogne fils, avocat; et que ces deux derniers tenaient des propos de nature à exciter les autres, par où ils se sont manifestement rendus complices des excès commis sur la personne dudit officier, en provoquant ainsi, par leurs discours, à les commettre et à la désobéissance aux lois, ce qui leur rend applicables

les articles 1, 3 et 6, de la loi du 17 mars 1819. Qu'il est néanmoins à observer que les faits dont il s'agit ne paraissent conserver que les caractères de simple délit prévu par les articles 230 et 311 du Code pénal : qu'il importe peu au surplus que le lieutenant-colonel ne fut pas revêtu de son uniforme, dès que sa qualité fut connue. — Attendu 6.º que suivant les dépositions du 6.ᵉ témoin des informations de première instance, cahier n.º 13, et des 74.ᵉ, 77.ᵉ et 164.ᵉ des premières informations faites en la Cour, les sieurs Bégué fils, Casenave-Siros, Catalogne fils et Bochon, cordonnier, se sont permis, savoir : Bégué fils, d'outrager par paroles un chef de bataillon du 55ᵉ régiment de ligne, commandant en ce moment une forte patrouille, en lui demandant *s'il venait faire assassiner les citoyens*, et tous les quatre de tenir des discours dans les lieux et réunions publics propres à troubler la paix publique, en excitant le mépris ou la haine des citoyens contre les militaires dudit régiment, savoir : Catalogne, en disant le 1.ᵉʳ août sur le Pont-Neuf à M. de Simony, chef de bataillon : *C'est indigne ; le régiment se conduit comme des gredins ; ils méritent d'être chassés de la Ville, et nous les chasserons*, voulant parler des hommes qui composent le régiment ; le sieur Casenave-Siros en disant, comme il tenait un officier colleté des deux mains et qu'il le secouait : *Vous êtes un gredin, vous êtes tous de la canaille, votre colonel est un brigand qui mériterait d'être pendu, il a voulu nous faire égorger* ; le sieur Bégué, en traitant sur la rue, le même jour 2 août, près le poste de la police, les militaires du même régiment *de brigans*, et donnant la même qualification au colonel, et enfin Buchon, en proférant sur la place Royale, devant le café d'Henri IV, les propos les plus infâmes contre les militaires dudit régiment. — Attendu que ces divers faits mettent ledit Catalogne, Casenave-Siros, Bégué et Buchon, dans le cas de l'application, savoir : Bégué, des art. 224 et 225 du Code Pénal, et les trois autres des art. 9 et 10 de la loi du 25 mars 1822. — Attendu que la procédure établit d'autres fait qualifiés crimes ou délits par les lois, mais dont elle ne fait pas connaître ni les auteurs ni les complices. — Attendu au surplus, que demeurant la nature du cas dont il s'agit et les principes consacrés par les art. 226 et 227 du Code d'instruction criminelle, concernant la connexité des délits qui reçoivent leur application à l'espèce actuelle, il y a lieu de renvoyer pour le tout à la Cour d'assises du département des Basses-Pyrénées. — Attendu qu'il n'existe pas de charges suffisantes contre Dulou aîné, Caubet 2°. né, Lahon, tisserand, Taco dit Tardan et Gonzalis décroteur, ou que les faits dont ils ont été inculpés n'ont pas paru, d'après les circonstances qui leur sont particulières, suffisamment graves et punissables. Attendu que d'après ce qui résulte de l'art. 100 du Code Pénal combiné avec l'art. 213, les individus qui ont fait partie de bandes ou attroupemens séditieux avec rébellion, peuvent être renvoyés sous la surveillance de la haute police, encore qu'ils n'aient pas encouru aucune peine, ou qu'il n'ait pas été prononcé contr'eux aucune condamnation, par cela qu'ils ont fait partie d'un rassemblement avec rébellion. — Attendu sur les demandes en liberté provisoire formées par Bégué fils et Caubet 3°.né, que ces deux citoyens étant mis en prévention pour des faits qualifiés crimes par la loi, leurs demandes ne peuvent être accueillies, l'art 113 du Code d'Instruction criminelle défendant expréssement et d'une manière absolue, d'accorder de pareilles mises en liberté, lorsque le titre de l'accusation emporte peine afflictive ou infamante.

Le Cour, par ces motifs, vuidant l'interlocutoire ordonné par des nouvelles informations par son précédent arrêt du 21 septembre dernier, vu ce qui résulte des dispositions des lois, arrêté du Conseil d'Etat, et articles du code et de celui d'instruction criminelle précité; disant droit des charges de l'entière procédure, des deux réquisitoires successifs du Procureur-Général du Roi, et des requêtes de demande de mise en liberté provisoire sous caution, présentés par Pierre-Felix Bégué fils aîné, négociant, et Caubet 3.e né, praticien, demeurant à Pau; ensemble des réquisitoires du Procureur-Général mis à suite des requêtes, se déclare incompétente pour connaître des actions et poursuites qui pourront résulter des coups portés et des blessures faites par des militaires du 55.e régiment d'infanterie de ligne en garnison à Pau, le 1.er août dernier, à des habitans de Pau et autres lieux, soit dans la commune de Jurançon, soit sur le pont du Gave, qui sépare cette commune de la ville de Pau, ce fesant, renvoie, à cet égard, devant les juges militaires com-

(17)

pétans, et ordonne que le procès-verbal de l'adjoint au Maire de Jurançon, concernant les faits qui se passèrent dans cette commune, et sur le pont du Gave, ledit jour 1.er août dernier, avec les pièces qui son spécialement relatives à ces faits, ensemble la plainte de Joseph Bazet, remise en mains de M. Barbet conseiller en la Cour, commissaire instructeur, un collationné des dépositions dudit Bazet, en première instance et devant ledit commissaire, et du surplus des informations auxquelles il a été procédé en tout ce qui concerne lesdits faits ; seront adressés à la déligence du Procureur-général, à M. le Lieutenant-Général commandant la 11.e division militaire, pour y être donné telle suite qu'il appartiendra. Et pour ce qui concerne les faits qui ont eu lieu dans la ville de Pau, soit ledit jour 1.er août dernier, soit le lendemain 2, déclare, 1.°, que Jean Dutou 2.e né, huissier, demeurant à Pau, est mis en accusation comme complice des coups portés et des blessures faites au sieur Marquize sergent-major du 55.e régiment d'infenterie de ligne en garnison à Pau, le 2 août dernier, avec les circonstances qu'il est résulté de ces actes de violence pour ledit Marquize, une maladie ou incapacité de travail ou de service personnel pendant plus de 20 jours, et qu'ils ont d'ailleurs été commis avec préméditation ; ou du moins, comme complice des mêmes faits, sans la première de ces circonstances aggravantes ; mais encore avec préméditation ; 2.°, que le nommé Jean Sala dit Jean de Lagarde est mis en prévention comme auteur des coups portés et blessures faites le même jour 2 août, sur la personne du sieur Buard sous lieutenant audit régiment de ligne, avec la circonstance que ces excès ont été aussi commis avec préméditation : 3.°, que *le nommé Jean-Baron cordonnier, habitant aussi à Pau, est pareillement mis en prévention comme auteur d'un coup de pierre porté le dimanche 1.er août dernier, dans la rue de la Préfecture, de ladite ville de Pau, aux 4 cantons, sur un soldat du même régiment, avec la circonstance que cet acte de violence a eu lieu avec préméditation :* 4.°, que le nommé Jean Blanc dit Arnaud Fourcade, tailleur d'habits, et Louis Buchon cordonnier, les deux demeurant à Pau, et Clément Daires vigneron, habitant de Lasseube, sont mis en accusation comme *auteurs de rébellion commise le même jour 2 août dernier, par attaque ou résistance avec violence et voies de fait envers la force publique et des officiers ou agens de la police administrative ou judiciaire, agissant pour l'exécution des lois ou des ordres de l'autorité publique, avec la circonstance que cette rébellion a eu lieu par plus de 20 personnes armées :* et Pierre Bégué fils, négociant, Caubet 3.e né, praticien, Jean Peré, tailleur d'habits, *Jean-Baron, cordonnier*, Pierre Sazy, maçon, Pierre-Paul Frechou, cordonnier, et Jean Salies dit Mieyancé, journalier et décroteur, tous demeurant à Pau, pour s'être rendus complices du même crime de rébellion ainsi caractérisé, en ayant avec connaissance aidé ou assisté son auteur ou ses auteurs dans les faits qui l'ont préparé, facilité ou consommé ; ou en provoquant par leurs discours et leurs actions, dans les rassemblemens dont ils fesaient partie, à commettre ce crime ou à continuer à le commettre, par la persévérance des attroupés en état de rébellion, au lieu de s'être retiré sur les diverses sommations de l'autorité publique à cet effet : 5.°, *que le nommé Jean Baron, cordonnier, demeurant à Pau, est mis en accusation pour les mêmes faits de rébellion, comme chef d'un attroupement de rebelles* : 6.°, *qu'il est d'ailleurs mis en prévention à raison d'un violent coup de pierre dont fut frappé à la cuisse le capitaine Pittaubert du 55.ᵉ régiment de ligne, au café Clavier, le 2 août dernier ; soit comme auteur de ce délit, ou comme complice, en ayant, avec connaissance, aidé ou assisté l'auteur ou les auteurs de cette action dans les faits qui l'ont préparé, facilité ou consommé, soit comme chef d'un attroupement en rébellion, auquel la loi rend imposables tous les délits commis dans des réunions pareilles :* 7.°, les sieurs Pierre Begué fils, négociant, et Catalogne fils, avocat, demeurant à Pau, pour s'être rendus complices des excès commis et des coups portés le dimanche 1.ᵉʳ août dernier, sur la personne du lieutenant-colonel du régiment ; exerçant en sa qualité, un ministère de service public, ou à cette occasion, en ayant par leurs discours dans les rassemblemens qui avaient eu lieu sur le Pont Neuf, à commettre ce délit : 8.°, que ce même dit Bégué fils, est encore mis en accusation comme coupable d'outrages envers le sieur de Farcy, chef de bataillon du même régiment, pendant que celui-ci exerçait un ministère de service public, en qualité d'agent de la force publique, au moment où il commandait une forte patrouille aux 4 cantons de la ville de Pau, le 1.er août dernier : 9.° enfin, les sieurs Catalogne fils, avocat, Casenave-Siros 4.e né, fabriquant de mouchoirs, et Bégué fils, négociant, et le nommé Louis Buchon, cordonnier, demeurant à Pau, pour avoir, par des discours proférés dans des lieux ou réunions publics, cherché ou contribué à troubler la paix publique, en excitant le mépris ou la haine des citoyens, contre les officiers et militaires composant le 55.e régiment de ligne : déboute les sieurs Pierre-Felix Bégué fils, négociant, et Pierre Caubet 3.e né, praticien, de leurs demandes de mise en liberté provisoire; déclare n'y avoir lieu à poursuivre contre Dutou aîné, Caubet 2.e né, praticien, Lahon dit Luquet, tisserand, Tuco dit Tardan, cordonnier, et Gouzalés, décroteur; ce fesant, ordonne que les trois derniers détenus dans la maison d'arrêt, seront sur-le-champ mis en liberté, s'ils ne sont retenus pour autre cause, et que les mandats décernés contre les prisonniers contumax, seront comme non avenus : renvoi, au surplus, devant la Cour d'assises du département des Basses Pyrénées, tous les individus mis en accusation, ou en prévention par les disposititions ci-dessus, pour y être jugés par un seul et même arrêt, sur tous les crimes et délits dont il s'agit. Délibéré et prononcé dans les séances du 26 et du susdit jour 27 octobre, à 2 heures du matin de l'an 1824. *Signés ;* Casteran, Moncla, Dabbadie, Cassaigne, Bordeu, Barbet, Rissal, *commis greffier.*

Je laisse aux conseils des accusés le soin de les défendre ; si j'avais autant de talent et d'expérience que de zèle et de bonne volonté, je partagerais avec eux l'honneur de cette défense.... Mais je ne veux pas que mon nom soit sali en se trouvant dans les annales de la calomnie, tenues par le Mémorial Bordelais et le Drapeau blanc ... Et que M. de Fontanges fasse de la réputation qu'il a voulu me donner, un manteau d'impunité pour lui ; l'injure ne flétrit que le calomniateur ; il ne fera pas perdre à ma ville natale le nom de *Bonne ville*.... La ville d'Henri IV a été *Bonne* pour tous les régimens qui ont précédé le sien, pour le sien lui-même..... Ses soldats sont les amis de mes concitoyens.... Ni avant, ni après cette affaire, pas un soldat ne s'est plaint de l'habitant, pas un habitant ne s'est plaint du soldat. Le vrai coupable est celui qui a fait d'un lieu de fête le théâtre des plus criminels excès.

La question de la compétence était devenue la question du jour et le sujet de tous les entretiens, citoyens, bourgeois, artisans, on trouvait en tous lieux des raisonneurs, car partout l'homme de bon sens trouve le code de la raison ouvert ; ils formaient un juri de justice naturelle ; ils ne pouvaient pas concevoir qu'on pût ainsi séparer l'effet de la cause. Il faut que vous sachiez pour l'intelligence des débats, que sur le Pont du Gave qui sépare Pau de Jurançon, une borne placée au milieu du Pont sépare aussi les territoires des deux communes.

Il est constant et reconnu en fait, que neuf personnes dont sept de Pau, une de Bizanos et une de Billhères, commune limitrophe de Pau, ont été plus ou moins blessées à Jurançon, que dans la poursuite de nos habitans qui fuyaient vers Pau, les excès continuèrent; que deux ou trois citoyens furent blessés sur le Pont, en deça de la borne.

Il me semble entendre quelque orateur de certains conciliabules nocturnes mixtes, composés de gens qui ne se rencontrent pas, par hazard, s'écrier: Pourquoi n'a-t-on pas mis Poque en accusation? Il ne serait pas l'avocat des accusés..... C'est que s'il a paru le dimanche, il n'a fait que le bien, et que le lundi il a resté chez lui. Il se tient en garde contre les méchans qui quelquefois lui ont dépêché des sicaires auxquels il vendra toujours chèrement sa vie, et quelquefois lui ont tendu des pièges d'agens provocateurs. Mais rien n'est perdu avec mes amis. Le tems est d'un grand prix pour ceux qui savent en profiter..... Oh, quel heureux incident, ont-ils dit, que le renvoi de la comparution de M. de Fontanges, sans jour fixe; il faut s'emparer de ce renvoi indéfini et tourner contre les accusés un précédent qui leur est favorable... Le jour de la justice n'est pas encore venu, manœuvrons encore et peut-être le jour de la justice ne viendra jamais, nous avons des amis..... La calomnie..... Cette arme redoutable de Bazile fait de grandes blessures, mais la cicatrice reste, il faut propager le doute, et l'entretenir au loin, à la faveur des distances; nous n'écrirons plus au mémorial Bordelais; mais délibérons et calomnions *incognito*..... Calomnions puisque la déclaration d'incompétence nous donne le tems de calomnier encore.

Je n'ai fait qu'une année de droit à l'université de Paris, je ne suis donc pas un grand docteur, mais je veux me permettre quelques réflexions, comme citoyen et comme Français, sur cette déclaration d'incompétence qui sépare le fait de la circonstance qui l'aggrave ou qui l'attenue; je suis même assez sage pour consulter des hommes qui, par état doivent en savoir plus que moi. Je veux défendre mon honneur, j'irais m'asseoir sur le même banc que les accusés plutôt que de souffrir la calomnie, ni pour eux, ni pour moi... Mais voulant marcher à pas de registre devant des gens qui m'observent; je vais pour rallier et préciser mes idées examiner. 1.° l'arrêt de mise en accusation;
2.° Faire connaître les débats, d'après les notes du Sténographe.

Ensuite je livrerai quelques observations à la censure de mes ennemis, qui mentent comme des délateurs, et je leur dirai la vérité, comme un soldat.

J'entre dans le temple de la justice..... J'ai entendu M. le Procureur-Général dans la rigueur de son ministère, il a été l'homme de la loi, et quand il a rendu compte des évènemens de Jurançon, il a été l'organe fidèle de la vérité.....

L'acte d'accusation est ainsi conçu : « Le Procureur-Général du Roi en la Cour Royale de Pau, expose que des bals champêtres ont eu lieu les jours de fêtes à Jurançon durant l'été dernier; ils étaient fréquentés par des habitans de Pau et par des militaires du 55ᵉ. régiment de ligne, en garnison dans cette ville. Des rixes tumultueuses s'y élevèrent le premier août à l'occasion de la danse. Des coups furent portés; des blessures furent faites par des militaires à des particuliers, soit à Jurançon, soit sur le Pont du Gave qui sépare cette commune de la ville de Pau.

» Une procédure criminelle sur ces événemens et sur ceux qui leur succédèrent, fut commencée par M. le Juge d'instruction de l'arrondissement de Pau, et elle a été continuée par un commissaire de la Cour Royale en exécution d'un arrêt rendu, chambres assemblées, le 5 du même mois. Il n'est résulté de cette procédure *aucun motif d'inculpation* contre quelques habitans de Pau au sujet des faits qui avaient eu lieu à Jurançon et sur le Pont du Gave; et comme il n'appartient pas à l'autorité judiciaire de connaître des délits imputés à des militaires présens à leurs corps, la Cour, chambre d'accusation, a ordonné par un arrêt en date du 27 octobre dernier, que le procès-verbal de l'adjoint au maire de Jurançon, relatifs aux faits qui se passèrent le 1ᵉʳ août dans cette commune et sur le Pont du Gave, ainsi que le collationné de la partie des informations qui s'y rapporte, et une plainte particulière existante au procès, seraient adressés à M. le Lieutenant-Général, commandant la 11ᵉ. division militaire pour y être donné telle suite que de droit. »

Je reconnais dans cette exposition le bon esprit de M. le Procureur-Général.

Il n'y avait *aucun motif d'inculpation* contre les habitans de Pau!..... Pourquoi donc la pierre-borne qui est au milieu du Pont du Gave a-t-elle arrêté l'action de la justice ? Pourquoi forcer les lois de la nature qui veut que l'exception suive l'action, comme l'ombre suit le corps ? Maintenant en ma qualité d'étudiant en droit qui a peut-être perdu son argent en prenant des inscriptions.... Je vais dire mon mot. Commentateurs sévères, criminalistes au front sourcilleux, lisez, commentez, et jugez.

Plus bas, M. le Procureur-Général s'exprime ainsi : « Enfin, il y eut le 1.er août dernier, dans un bal champêtre à Jurançon, *une sorte* de rixe *générale* entre les soldats et les artisans : elle fut amenée par des propos au sujet de la danse, et la procédure n'a guère établi de quel côté ces propos eurent le caractère de la provocation ; mais il paraît certain, que les soldats mirent les artisans en fuite ; qu'ils en frappèrent et qu'ils en blessèrent plusieurs à coups de sabre ; qu'ils restèrent à Jurançon, malgré l'ordre exprès du maire, publié en forme de proclamation, et qu'un piquet de leur régiment, envoyé sur les lieux pour y maintenir le bon ordre, ne fit rien pour prévenir ces troubles et pour contenir ceux qui les occasionnaient. Les soldats ne quittèrent la place publique qu'après l'arrivée de leurs officiers et par leur ordre. Ils se retirèrent vers six heures du soir par pelotons nombreux et parvenus sur le Pont du Gave, qui sépare la commune de Jurançon de la ville de Pau, ils y frappèrent et blessèrent à coups de sabre des particuliers sans défense, qui paraissent n'avoir rien fait pour s'attirer ces mauvais traitemens. Ces actes de violence présentaient évidemment un caractère répréhensible ; mais ils avaient été commis par des soldats présens à leur corps et soumis à sa discipline : ceux-ci n'avaient pour co-opérateur ou pour complices aucun individu soumis à la jurisdiction des tribunaux ordinaires. Ces actes étaient sans connexité légale avec les scènes tumultueuses qui leur succédèrent, soit dans la même soirée, soit le lendemain. Tout se trouvait distinct, les lieux, le tems, les personnes et la nature des faits. Il n'existait rien de commun entre des coups de sabre donnés à Jurançon et sur le Pont du Gave, à des artisans, par des militaires, et la rébellion réitérée, des habitans de la ville et de la campagne, contre les autorités de Pau. Ces faits s'étaient succédés ; les premiers avaient servi de motif ou de prétexte aux autres, mais celà ne leur donnait pas le caractère de délits successifs qui tient à ce que les mêmes actes se continuent d'un lieu dans un autre. Or ici, les faits à la charge des militaires, avaient pris fin sur le Pont du Gave, ou tout au plus après leur entrée à la Basse-Ville ; et de même, qu'il n'a pas existé jusqu'alors, de motif d'inculpation contre les habitans, il n'en exista pas depuis cette époque contre les militaires. Ainsi, le premier devoir de l'autorité judiciaire, était de reconnaître et de respecter l'ordre des jurisdictions et elle s'y est conformée en ordonnant que les pièces de la procédure, relatives aux faits qui se passèrent le 1.er août à Jurançon et sur le Pont du Gave, seraient adressées au Lieutenant-général commandant la 11.e division, pour y donner suite selon le vœu des lois. Vous n'aurez donc,

Messieurs, à vous occuper ni de l'action portée devant le tribunal d'Oloron, ni de celle qui se trouve renvoyée devant les tribunaux militaires. Elles pendent à juger l'une et l'autre; la connaissance ne vous en appartient pas et vous ne sauriez rien préjuger au delà des termes de la prévention, qui résulte du renvoi de ces causes devant leurs juges compétens. Les arrêts qui ont statué là dessus offrent, à cet égard, un point d'appui suffisant à la défense. Les allégations et les raisonnemens des accusés et de leurs défenseurs ne sauraient établir, d'une manière plus positive, que la conduite des militaires à Jurançon et sur le Pont du Gave, a fourni de graves sujets de plainte, et toutes les interpellations dans lesquelles on voudrait en chercher la preuve, tous les débats qu'on engagerait là dessus, deviendraient superflus. Ils aboutiraient tout au plus à une vaine censure, et quelque mesurée qu'on la suppose, elle serait peu généreuse, puisqu'il ne vous est pas permis d'entendre ceux qui seraient intéressés à la repousser. Attachons-nous donc aux seuls faits qui constituent la cause; c'est dans l'intérêt même de la justification qu'il importe de la simplifier.

Je ne viendrai pas aujourd'hui renouveller des douleurs que la présence du jury et la publicité des débats ont dissipées; loin de moi toute affection haineuse; mais lorsque, de l'aveu de mes ennemis, qui pour légitimer des assassinats, les font sortir de l'Église S.t-Jacques, je suis la cause bien innocente de leurs propres fureurs, je ne puis ni souffrir la calomnie, ni permettre qu'on se justifie à mes dépens..... J'examinerai donc les élémens de la procédure qui a précédé l'arrêt de mise en accusation et cet arrêt lui-même.... Je ne suis l'avocat de personne, mais je suis le mien. Ne m'a-t-on pas signalé comme auteur des événemens du 1.er et du 2 août ? Je ne m'érige pas en censeur indiscret, je défends mon honneur et celui de mes concitoyens. Quel est celui de nous qui pendant trois mois, n'ait porté douloureusement ses regards sur cette prison encombrée de nos citoyens, sous la garde d'hommes qui, peut-être, avaient versé leur sang, et qui, j'en conviens, livrés à eux-mêmes, n'eussent jamais été coupables..... Ah ! pourquoi la marche de la justice n'est-elle pas immuable dans sa distribution, comme elle l'est, dans les décrets de la Providence; c'est que l'homme est sujet à l'erreur, aux préventions, aux passions, et que Dieu qui est la source de la justice est toujours le même.

A peine les événemens des 1.er et 2 août ont-ils affligé la ville la plus paisible de France, que la malveillance et la calomnie s'en emparent, on allarme le Gouvernement, c'est à lui qu'on en veut, c'est une *conspiration*..... Misérables factieux qui, dans le désespoir de votre nullité et de la force du Gouvernement lui-même, cherchez sans cesse à lui persuader que, sans vous, il serait perdu ; vous, dont les plaintes sont continuelles et l'ambition si vaste, que tous les trésors de l'Etat ne pourraient la satisfaire ; vous lui rendez, sans vous en douter, un grand service, en vous montrant à ses yeux tels que vous êtes..... Des Pigmées.

M. G. C.... ou l'inconnu voyait déjà des conspirations, il criait au feu.....

Tous ces hommes dont l'agitation et les mouvemens à des époques chroniques annoncent un malheur, comme les croassemens des corbeaux annoncent un orage, flétrissaient par leur apologie, ceuxla même dont ils vantaient la loyauté, la douceur, la bonté..... Les assassins de Jurançon étaient les meilleures gens du monde.... Personne n'avait vu des armes à nos citoyens..... C'est égal, faut-il des égards *pour la canaille ?*.... Parmi ces limiers de la faction qui courent toujours après une proie, quelques-uns savaient par *oui-dire*, qu'on avait crié, le 2 août, *à bas le Roi, Buonaparte n'est pas mort*, il est sur les bords du Rhin à la tête de dix-huit cens mille Turcs, sans compter les Grecs.... Toutes les avenues étaient ouvertes à ces petits Curtius, et quand on parlait des évènemens de Jurançon..... *Il ne s'agit point de celà*, disait-on.....

Le misérable tailleur d'habits, Bazet avait porté sa plainte, on faisait déjà le procès à M.ᶜ Laborde; son avocat, qui l'avait rédigée, on aurait nié, s'il eût été possible, jusqu'à ses blessures; c'est ainsi que dans cette lutte du faible entre le fort, du pauvre contre le riche, la vérité était trahie et le crime triomphant.

Qu'elle a été leur tactique, pour parvenir à ce but ? Faire, montrer dans notre ville un foyer de conspirations, de troubles, ensorte que les voyageurs, depuis les évènemens des premier et deux août, en redoutaient l'approche, jusqu'à ce qu'ils étaient parvenus à Toulouse ou à Bordeaux, où la vérité commençait à être connue, et ensuite instruits de toute part, ils venaient sous les auspices de la confiance publique, dans une ville qu'ils ont vengée, par leurs témoignages en tous lieux. Mais laissons là, en fait de calomnie, les maîtres et les valets, ils font leur métier, et ils savent bien pourquoi....

Venons à l'arrêt de la mise en accusation de nos citoyens, par lequel la Cour a déclaré son incompétence pour juger les militaires.....

Cette erreur est d'autant plus étonnante, qu'elle est contraire à toutes les lois qui ont précédé le nouveau Code d'Instruction criminelle, au texte de ce Code, à la jurisprudence de la Cour de Cassation et à l'opinion de tous les écrivains ; j'en excepte le rédacteur du Mémorial Béarnais, mais comme je pourrais me tromper, parce que je n'ai qu'une année d'université en droit, et qu'il est avocat ; je l'invite à me prouver que je suis dans l'erreur.

TEXTE DE LA LOI,

Article 226 du Code d'instruction criminelle.

« La Cour statuera, par un seul et même arrêt,
» sur *les délits connexes dont les pièces se trouve-*
» *ront en même tems produites devant elle.* »

Ainsi, les délits *connexes* appartiennent aux tribunaux ordinaires, lorsque les pièces sont également *produites devant eux*, et elles font partie du procès, on en a donné copie aux accusés.

Qu'entend-on par *délit connexe* ? ceux qui se lient les uns aux autres, comme l'effet et la cause.

ART. 227, « Les délits sont connexes, soit lors-
» qu'ils ont été commis en même tems par plusieurs
» personnes réunies ; soit lorsqu'ils ont été commis
» par différentes personnes, mais en différens tems
» et en divers lieux, mais par suite d'un concert

» formé à l'avance entr'elles, soit lorsque les coupa-
» bles ont commis les uns, pour se procurer les
» moyens de commettre les autres, pour en faciliter
» et pour en consommer l'exécution, ou pour en as-
» surer l'impunité. »

La Cour, chambre d'accusation, et M. le Procureur-Général ne peuvent pas contester la connexité qui est dans la nature des choses; mais on a jugé qu'à Jurançon, le crime qu'on appelle *un délit*, est militaire et qu'il y a une exception pour le jugement des *délits militaires* qui doivent être renvoyés à un Conseil de Guerre.

Il faudrait donc s'arrêter devant cette borne, qui, au milieu du Pont du Gave, sépare Jurançon de Pau; les personnes et les faits; il faut même faire du dimanche 1er. août, deux journées, la première jusqu'au moment où nos citoyens fuyant devant des soldats et des sabres levés sur leurs têtes, arrivèrent à la borne, et la seconde depuis qu'ils l'eurent dépassée. Le soleil n'aurait lui pour Jurançon que jusqu'à cinq heures du soir, depuis lors, Jurançon aurait été couvert d'une nuit bien ténébreuse; mais en deçà de la borne, sur le territoire de Pau, le Soleil nous éclaire, le jour est beau, et on ne voit pas le sapeur qui assassine Darhanpé et qui frappe à terre le misérable Bazet; on ne le reverra même plus, il a son congé... Arrêtez-vous, profanes, devant cette borne, si vous la dépassez, l'ordre des jurisdictions est troublé.

Quoi! serait-il possible que dans une imprévoyance extrême, la loi eût admis ce système d'omnipotence, pour isoler et aggraver l'accusation et d'une impuissance absolue, pour la détruire ou l'atténuer! Un tribunal de police correctionnelle peut rejeter un arrêt de mise en accusation, s'il croit que sa compétence est mal-à-propos déclarée, parce que les arrêts de mise en accusation sont *déclaratifs* et non *attributifs* de juridiction, et on pourrait dire à des jurés : « Arrêtez-vous devant cette borne, et jugez contre » votre conviction. »

Ce n'est pas ainsi que l'ont entendu tous les écrivains qui se sont occupés des délits militaires et de de leur connexité.

Il faut, dit M. Serres, page 211, tom 1er., Manuel ces Cours d'assises : « Il faut remonter à la loi » du 3 pluviose an II, pour déterminer ce qu'on doit » entendre par délit militaire. Tout délit porte l'art. » 3 du titre 1er. de cette loi, de quelque nature qu'il » soit, *commis pendant la guerre à l'armée ou* » *dans les camps, cantonnemens ou garnisons* » qu'elle occupe, par les individus qui la composent » ou qui y sont employés ou attachés à sa suite, » sera jugé par les tribunaux criminels militaires, » ou par les tribunaux de police correctionnelle éga» lement militaires, suivant la gravité du délit. »

Il ne suffit donc pas d'être militaire, de porter un uniforme, pour se soustraire aux poursuites d'un tribunal ordinaire, et rompre la connexité nécessaire de la cause et de l'effet ; il faut que le crime ait été commis dans les camps, cantonnemens ou *garnisons*, c'est ce que la Cour de Cassation vient de juger par un arrêt du 11 mai dernier. Cet arrêt rapporté par les feuilles publiques, a donné lieu aux réflexions suivantes, qu'on trouve dans le Courrier français, n°. 328.

« Nous avons fait connaître la décision de la Cour
» Royale de Pau, (chambre de mise en accusation,)
» dans l'affaire relative aux rixes qui ont eu lieu à
» Jurançon, entre des habitans de la ville et des
» millitaires du 55°. régiment. On a pu remarquer
» que tandis que les habitans inculpés ont été ren-
» voyés devant la Cour d'Assises, ou le tribunal de
» Police correctionnelle, la Cour a renvoyé devant
» un Conseil de Guerre plusieurs militaires du 55°.
» régiment de ligne, pour des actes coupables qu'ils
» sont accusés d'avoir commis le 1er. août dernier,
» dans le village de Jurançon. La jurisprudence
» de la Cour Royale de Pau, à cet égard, est con-
» traire à celle de la Cour de Cassation qui, dans
» une cause identique, a rendu un arrêt différent
» en rejettant le pourvoi du nommé Martinache,
» soldat de la Garde royale. Martinache, qui dé-
» clinait la compétence du jury, était accusé de
» s'être livré à des excès graves dans un lieu autre
» que Courbevoie, où il était en garnison. Les mi-
» litaires du 55. régiment de ligne, sont accusés
» d'avoir commis aussi des excès très graves à Ju-
» rançon ; c'est-à-dire, dans un lieu autre que la
» ville de Pau où ils étaient en garnison. Cepen-
» dant, le premier a été jugé par un jury et les
» autres par un Conseil de guerre. On s'étonnera,
» sans-doute, après cela, que l'autorité de la Cour
» suprême établie pour faire régner l'unité de juris-
» prudence dans les divers tribunaux du Royaume,
» n'ait pas été de quelque poids auprès de la Cour
» Royale de Pau, et que la règle de droit, *ubi eadem*
» *causa, ibi idem jus dicendum*, ait été mise en
» oubli. »

Voilà bien assez d'érudition pour un ancien soldat et même pour un jurisconsulte qui est bien fort
s'il a pour lui le texte de la loi, la jurisprunce de
la Cour de cassation et la justice naturelle source
de toutes les lois, ce qui ne lui arrive pas toujours.

Maintenant, qu'on me permette quelques raisonnemens que je prendrais même la liberté de faire quand je n'aurais pas acheté 4 inscriptin.

Il ne fallait que l'exemple de cette cause, pour se convaincre que la violation d'un principe, entraîne aux plus fâcheuses conséquences, et que le trouble est jeté dans l'exercice de tous les pouvoirs, particulièrement dans celui du *pouvoir discrétionnaire*, si l'on franchit les bornes de la loi.

On sait que M. le Président a un *pouvoir discrétionnaire*, pour la direction des débats, et pour favoriser la découverte de la vérité.

Il y avait des vérités dont la connaissance était nécessaire, afin d'élémenter la conviction du Juri ; jeter un voile sur ces vérités, à raison de l'imcompétence vraie ou fausse, c'était se rendre maître de la conviction du jury, si les autres faits de la cause, ne suffisaient pas pour l'opérer, c'était une de ces nullités substantielles, prévues par l'article 408 du code d'instruction criminelle qui ne peuvent pas être couvertes par l'acquiescement de l'accusé, quand bien même elles ne seraient pas prononcées par la loi, parce que toute disposition *qui confère un droit ou un pouvoir, quand il s'agit d'un fait constitutif de la défense ou de l'accusation*, produit une nullité de plein droit.

Il s'agissait d'un fait de la plus haute importance qui constituait un moyen nécessaire de défense pour les accusés. M. le lieutenant-colonel Friol avait écrit une lettre à M. le Maire de Jurançon, le 1.er août pour le prévenir qu'il envoyait dans sa commune une patrouille qu'on ne lui avait pas demandée et qui, malgré des nombreuses blessures faites à des gens sans armes, trouva que l'ordre était si peu troublé, qu'on n'arrêta pas un seul militaire.

M.e Laborde, défenseur d'un des accusés, nommé Baron, demanda que M. le lieutenant-colonel fut interpellé pour savoir s'il n'était pas vrai que le 1.er août il avait écrit une lettre à M. le maire de Jurançon afin de lui annoncer qu'il envoyait dans sa commune un piquet de soldats qui étaient obligés de suivre l'ordre du colonel.

M. le Président a observé que cette demande était étrangère au fait de l'accusation et a refusé de faire la demande ; alors Me Laborde, soutenu par Mrs Blandin, Prat et Dejernon, a pris les conclusions suivantes :

Attendu que le premier droit de tout accusé est celui de sa défense qui doit être entière et libre.

Attendu que nul que l'accusé et son conseil ne ne peut savoir quels faits intéressent ou non à sa justification, quels par conséquent il importe ou non de connaître.

Que tel fait par exemple qui isolé pourrait paraître inutile, devient indispensable par la réunion à d'autres faits.

Attendu qu'il importe à la défense générale d'établir tous les faits qui ont préparé, accompagné et suivi les scènes qui se sont passées à Jurançon et à Pau sur le pont du Gave ; puisque ces faits étant connus, il en résultera que, même en admettant l'accusation dans toute sa vigueur, il n'y a ni crime ni délit, que les habitans de Pau (et les accusés, suivant l'accusation) furent constamment en état de légitime défense contre les soldats.

Attendu que c'est par une fausse appréciation des faits que l'accusation place une barrière entre le Pont du Gave et la place Grammont le 1.er août, car il doit être et il est déjà prouvé que les trois quarts des personnes qui étaient sur cette place étaient celles qui fuyaient depuis Jurançon sous les sabres des soldats, que les autres étaient celles qui accoururent pour chercher leurs parens et leurs amis, et s'informer de leur sort.

Qu'il ne se passa entre la scène du pont du Gave, et la place Grammont que le tems nécessaire pour arriver du premier pont au second : qu'enfin tous les faits du dimanche se lient, s'enchaînent et se confondent, puisqu'il sera prouvé que même dans les rues les soldats tenant leurs sabres prêts à dégainer, et que plusieurs dégaînèrent, provoquant par tout les citoyens, par leurs insultes, leurs menaces et leurs voies de fait.

Attendu que s'il est prouvé, comme il pourra l'être, que les chefs du régiment ne sont pas à l'abri du reproche de complicité, du moins morale du fait des soldats, si les soldats se vantaient d'agir par ordre, et si l'on rapporte la preuve qu'il y a sinon des ordres de ces chefs, du moins des instructions, des autorisations, il aura été permis de ne pas reconnaître une autorité protectrice dans ceux qui auraient participé à de tels ordres ou à de telles instructions; et la crainte qui leur aurait été manifestée de nouvelles hostilités de leur part, comme l'accusation le suppose, cette crainte aurait été légitime et aurait pu être exprimée sans crime.

Attendu que la provocation qui vint de la part des soldats le 2 août comme le 1.er, prouvée quelle sera par des faits spéciaux, acquerra de nouvelles preuves des faits antécédans, et qu'il serait injuste d'enlever au jury cet élément nécessaire de sa conviction.

Attendu que la connaissance certaine qu'on avait le 2 août du complot formé par les soldats, dont l'exécution commença le 1.er août, celle des instructions données, celle de la conduite de tout le piquet envoyé à Jurançon, de l'adjudant chargé d'exécuter les instructions du colonel, qu'il exécuta en refusant au Maire de faire retirer les soldats après les sabrades, que tout cela permettait de ne voir qu'une troupe ennemie, dans un piquet arrivant baïonnettes en avant, précédé de quelques officiers sabre en main, d'autant que ce piquet n'avait pas été appelé par l'autorité légale, qui, au contraire, ordonna de le renvoyer.

Attendu que la recherche de ces faits n'a pas pour objet l'accusation des militaires qui n'est pas ce lieu, mais seulement la justification des accusés. Qu'il serait d'autant plus injuste d'enlever aux accusés ce moyen de justification, qu'il résulte de la procédure écrite que les témoins appelés par les accusés pour en déposer ont tous été entendus contr'eux par le commissaire instructeur : qu'enfin M. le Procureur-Général en exposant l'accusation y a non-seulement rataché ces faits, mais encore d'autres qui leur étaient antérieurs d'un mois et qui n'y ont aucun rapport.

Attendu d'ailleurs que ces faits sont ramenés dans l'arrêt de mise en accusation avec cette circonstance qu'on y suppose que l'attaque des soldats fut occasionnée par le refus de les admettre dans les danses publiques ; erreur qu'il importe de détruire parce que cet arrêt doit passer sous les yeux de MM. les Jurés.

Attendu enfin, que ce qui doit trancher toute difficulté sur l'incident tant sur les interpellations à faire à M. le lieutenant-colonel qu'aux autres témoins à charge et à décharge sur les faits en question, c'est que des témoins déjà entendus à charge ont parlé de ces faits sans que ni la Cour ni M. le Procureur-Général s'y soient opposés. Or, il importe à la justice que tout soit au moins égal entre l'accusation et la défense.

PAR CES MOTIFS ; il plaira à M. le Président, sans avoir égard à l'opposition du ministère public, faire aux témoins, tant à charge qu'à décharge, telles interpellations que les accusés croiront utiles à leur défenses sur les faits qui ont préparé, accompagné et suivi les scènes qui se passèrent à Jurançon et sur le pont du Gave, le 1.er août 1824, entre les habitans et les soldats.

Au surplus, il plaira à la Cour nous donner acte de nos conclusions.

» Surquoi M. le Procureur-Général a pris la parole ; il a dit, en premier lieu, que la lettre écrite par le lieutenant-colonel au Maire de Jurançon étant une pièce du procès, toute difficulté sur ce point serait applanie par sa lecture ; il a fait remarquer en second lieu, que l'arrêt de renvoi devant la Cour d'assises avait posé des limites qu'il était indispensable de respecter. Que la prévention établie contre les militaires par le renvoi devant les juges compétans de la connaissance des faits qui s'étaient passés à Jurançon et sur le pont du Gave, donnait à cet égard un point d'appui satisfaisant à la défense, pour que toutes les interpellations relatives à ces faits devinssent inutiles, et ne présentassent que des inconvéniens. Que ce n'était pas d'ailleurs dans ce qui c'était passé à Jurançon ou sur le pont du Gave, que pouvait se trouver un motif d'excuse légitime; attendu que si la défense l'était quelquefois, la récrimination ne l'était jamais. Que l'on ne pouvait rien préjuger sur la prévention relative à ces faits au-delà de l'arrêt sur lequel elle est fondée, et que par conséquent les interpellations annoncées n'aboutiraient qu'à prolonger les débats sans utilité. Il a demandé qu'il fut en conséquence donné lecture de la lettre écrite par le lieutenant-colonel au Maire de Jurançon, déclarant qu'il s'opposait au surplus à ce que les conclusions prises par M. Laborde fussent adoptées.

La Cour ayant délibéré sur cet incident a décidé que la solution de cette question rentrait dans les attributions du pouvoir discrétionnaire dont le président est investi, et que par conséquent il n'y avait lieu à délibérer, et M. le président après avoir prononcé cet arrêt a dit : qu'usant de son pouvoir discrétionnaire, il déclarait qu'il ne serait fait aux témoins d'interpellations que sur les faits qui s'étaient passés le 1.er et 2 août dans la ville de Pau.

M. le président a fait lire ensuite la lettre écrite par le lieutenant-colonel au Maire de Jurançon :

Pau, le 1.er août 1824.

« Monsieur le Maire,

Ayant été informé qu'il devait y avoir ce soir un bal à Jurançon; auquel se trouvera vraisemblablement un assez grand nombre de militaires du 55.e régiment de ligne et des habitans de la ville de Pau, j'ai l'honneur de vous prévenir qu'afin d'éviter que l'ordre soit troublé, j'ai commandé une patrouille pour arrêter les militaires qui contreviendrait aux ordres donnés à cet égard par le colonel du régiment.

J'ai l'honneur, etc., *Signé*, Friol, lieutenant-Colonel. »

Si les délits n'étaient pas connexes, si cette lettre était étrangère à l'accusation, si l'on pouvait rompre la chaîne naturelle et légale qui unit l'effet et sa cause immédiate ? pourquoi donner copie de cette lettre aux accusés; sont-ils donc juges de ces militaires ? Cela ne serait peut-être pas fort malheureux pour eux, car ils ne les jugeraient pas aussi sévèrement, qu'on les a jugés eux-mêmes. C'est ainsi, que dans le choc des contradictions enfantées par un système dont toutes les parties se repoussent mutuellement, tandis que si elles eussent été unies, l'article 226 du Code d'instruction criminelle, aurait été observé ; on trouve que le Procureur-Général accorde implicitement par la lecture de la lettre qu'il a permise, ce que la Cour refuse pour les conséquences que les accusés devaient en tirer. Qu'arrive-t-il ? C'est que tous les témoins, fonctionnaires civils et militaires, citoyens de toutes les classes ne trouvant rien de plus naturel que de remonter à la source, ont commencé tous à parler de l'*affaire de Jurançon* et on ne les a pas interrompus. Voilà bien le pour et le contre, le blanc et le noir ; c'est-à-dire, un peu de cahos, dans lequel les assassins voudraient se faire perdre de vue.

Grâces à la sagesse du Roi, nous jouissons de la liberté de la presse ; mais on ne s'avise jamais de tout ; nous avons bien la *liberté de la presse*, mais nous n'avons pas la presse : le sieur Vignancour, imprimeur, avait promis de mettre quelques ouvriers à la disposition d'un autre imprimeur, qui s'était chargé d'imprimer les notes d'un Sténographe qu'on avait fait venir à grands frais, pour que la vérité fut constatée et généralement connue, il a oublié sa promesse et il a fait lui-même un bulletin fort inexact pour toute les circonstances à décharge ; ce bulletin qu'il vend serait aujourd'hui d'un bien grand volume, s'il imprimait toutes les réclamations aux-quelles il a donné lieu. Je serai plus sévère envers moi-même; je me repose sur les grands et petits censeurs du soin de critiquer le titre de ma relation épistolaire, qui excède un peu, j'en conviens, les bornes d'une lettre : qui jamais s'est avisé de faire sous ce titre, un ouvrage ou un opuscule, comme on voudra, et de l'intituler *Lettre à mon Ami*..... Et je crois d'avoir pour amis, tous ceux de la liberté civile ; et ici, mon cher ami, un peu de patience, la suite à demain. Vous n'avez encore que la première partie de la Lettre... N.° 1. Il n'y en aura que deux autres, dans l'une je rapporterai tous les débats tels qu'ils ont été constatés par le Sténographe qui signera ; je crois en effet, que cette précaution est aujourd'hui plus nécessaire que jamais ; on saisit des paroles fugitives, et on les interprète, pour les corrompre ; mais les écrits restent, on ne les change pas ; voilà pourquoi j'ai trouvé au greffe du tribunal d'Oloron, la lettre de M. de Fontanges. Ainsi le Sténographe signera et moi aussi. La troisème partie contiendra les plaidoyers des avocats, le résumé de M. le Président et la décision du Jury.

Si les chevaliers de l'éteignoir m'eussent laissé un peu plus de tems, et que par des promesses fallacieuses ils n'eussent pas capté ma confiance, en se réservant à eux seuls le plaisir de nous donner la lumière, il n'aurait rien manqué à des détails, dont ils voudraient bien effacer le souvenir ; mais je veux troubler un peu le plaisir qu'ils ont eu à rire de notre sténographe et de nous ; « l'on fera des notes, disaient ils, mais per- » sonne ne les lira, parce qu'on ne pourra pas les » imprimer.... Vive la liberté de la presse ; mais ils » n'auront pas de presse, si nôtre imprimeur ne tient » la plume ; » mais il fallait aussi briser la mienne qui est consacrée à la vérité, et pour eux, la vérité sera épouvantable.

Je vous salue pour aujourd'hui.

BEAUVAIS POQUE.

DE L'IMPRIMERIE DE V^e. TONNET, A PAU.